PREMIÈRE LETTRE

A M. LE COMTE

DECAZES.

PREMIÈRE LETTRE

A M. LE COMTE

DECAZES,

EN RÉPONSE A SON DISCOURS SUR LA LIBERTÉ INDIVIDUELLE.

PAR A. F. T. C.

O quantum, in rebus inane !

PARIS,

J. G. DENTU, IMPRIMEUR-LIBRAIRE,

rue des Petits-Augustins, n° 5 (ancien hôtel de Persan).

1817.

PREMIÈRE LETTRE

A M. LE COMTE DE CAZES.

MONSIEUR LE COMTE,

Vous paraissez, et vos ennemis sont confondus; vous parlez, et vous forcez l'admiration. La discussion de votre projet de loi relatif à la liberté individuelle, a été pour vous l'occasion d'un nouveau triomphe. Vous pouvez presque dire comme César : *Veni, vidi, vici.* Un doux murmure d'applaudissemens retentit encore à vos oreilles ; l'explosion des suffrages d'une partie de l'assemblée a entraîné ceux de MM. les journalistes les plus connus par un zèle désintéressé pour tout ce qui vous touche : les nombreux amis qui vous entourent n'auront pas manqué d'y joindre les leurs, et ce n'était pas le cas d'en séparer le vôtre. Ainsi vous êtes heureux, monsieur le comte, heureux par toutes les jouissances de l'amour-propre ; heureux de tout le bonheur auquel il est permis de prétendre ici-bas, où tout n'est qu'illusion et mensonge !

Combien il m'en coûte de vous arracher à une erreur qui doit vous être si précieuse ! Car, je ne l'ignore pas, la durée des prospérités humaines est toujours si courte, qu'il y a une sorte de barbarie à troubler, dans le cours de leurs félicités, ceux qui, comme vous, ont à se louer des chances de la fortune : c'est cependant ce qu'il faut que j'entreprenne, monsieur le comte.

Les applaudissemens qui ont accueilli le discours prononcé par votre excellence relativement à la suspension de la liberté individuelle, sont loin d'être aussi unanimes qu'ils pourraient vous le paraître !

Il est des hommes que les sentimens qui respirent dans ce discours, que les intentions qu'il annonce, que les principes sur lesquels il repose (si l'on peut donner ce nom à des propositions étranges, et qui n'entraînent avec elles aucune conviction), enfin, que les atteintes qu'il porte aux droits de la nation et à la dignité de la représentation nationale, ont affligé profondément ; et je suis de ce nombre.

Oui, M. le comte, l'honneur, les droits, les intérêts les plus chers de la nation me paraissent également compromis par votre harangue.

Je me suis efforcé de renfermer dans mon cœur les sentimens qu'elle y avait excités : je craignais de m'exposer à faire le premier l'expérience de votre nouvelle découverte en législation, la loi des *machinateurs* ; non pas que je sois un de ces ennemis nés de tout bien qui ne nous vient pas du temps passé ; loin de-là ; mais encore faut-il de la prudence, et je me disais : A juger de ce que M. le comte Decazes réserve aux machinateurs, par la manière dont il a traité de simples suspects, malheur à quiconque se laissera soupçonner de machination par son excellence !

D'un autre côté, c'étaient les intérêts, c'étaient les droits de la nation, indignement outragés, qu'il s'agissait de défendre, et je me faisais un devoir de l'essayer dans un temps où, hélas ! ils n'ont déjà que trop soufferts !

D'ailleurs, le moyen d'accuser de machination celui dont le crime, aux yeux même de votre excellence, ne pourrait consister, tout au plus, qu'en une extrême franchise ? Cette réflexion, jointe au souvenir de quelques mots qui vous sont échappés sur la nécessité de la conscience dans les fonctions de votre ministère, m'eurent bientôt rassuré.

Je me détermine donc à vous soumettre, monsieur le comte, le résumé de mes opinions sur votre discours. Je l'analyserai, je le suivrai de point en point. Sans négliger les beautés du style, ces beautés de détail qui décèlent sur-tout une éducation vraiment académique, je vous demanderai la permission de m'attacher plus particulièrement aux raisonnemens, aux maximes générales, aux grands principes qu'il renferme ; je les attaquerai, je les combattrai quelquefois, mais ce sera, n'en doutez pas, avec tous les égards que vous méritez à tant de titres.

Et d'abord, monsieur le comte, quel lieureux mélange d'adresse et de dignité dans votre exorde ! Après le discours lumineux de monsieur le rapporteur, vous ne venez pas pour discuter le projet de loi. A quoi bon, en effet, le discuter ? Les vues, les argumens de monsieur le rapporteur ne sont-ils pas absolument les vues et les argumens de votre excellence ? Jusqu'ici donc rien d'inutile (1). Vous venez seulement pour expliquer quelques point de fait qu'il n'a pu éclaircir, parce qu'ils ne lui étaient point connus. Ici, monsieur le comte, vous allez dire que je suis bien minutieux ; mais je ne puis m'empêcher d'en faire la remarque. Le motif que vous indiquez n'est peut-être

---

(1) Les citations du discours sont fidèlement extraites du texte qu'en a donné le Constitutionnel, d'après le Moniteur. Nous avons eu soin de comparer nous-mêmes celui dont nous nous sommes servis, avec le journal officiel. Si nous avons adopté une seule variante très-peu importante donnée par le Constitutionnel, ce n'a été qu'après nous être assurés, en consultant les autres journaux, que cette variante était plus conforme que le texte lui-même au discours tel qu'il a été prononcé.

pas précisément le véritable. Le cours de la discussion a dû convaincre le public que vous n'étiez pas assez étranger l'un à l'autre, monsieur le rapporteur et vous, pour que votre excellence n'ait pu, entre autres choses, lui communiquer ses points de fait : aussi, vous êtes-vous empressé d'ajouter que c'était un devoir pour vous de les soumettre vous-même à la chambre : c'est avec raison ; car il faut avouer que, dans la bouche de monsieur le rapporteur, ils n'eussent pas été tout à fait aussi bien placés que dans la vôtre.

Je poursuis : « Honoré de la confiance du « Roi, avez-vous dit, monsieur le comte, « nous avons sans doute à regretter que « celle de quelques-uns des honorables « membres qui s'assoient de ce côté, ne la « suive pas ; mais ils nous permettront de « penser que la *confiance de notre maître,* « que les droits qu'*elle nous donne à celle* « *de la nation, à la vôtre, peuvent suf-* « *fisamment nous consoler de ne pas obte-* « *nir la leur.* » Pour cette fois, monsieur le comte, je me vois contraint d'user plus amplement de la liberté que je vous ai demandée.

Ces paroles, monsieur le comte, sont dignes d'attention : ceux qui vous les ont entendu prononcer dans toute leur pureté primitive, prétendent que la joie, l'assurance et quelque chose de plus qui se faisait remarquer dans l'accent de votre voix, dans vos gestes et sur votre visage, leur servait merveilleusement bien de commentaire. Elles n'en avaient pas besoin ; ce qu'elles exprimaient n'était déjà que trop offensant pour la nation et pour ceux qui la représentaient.

Un instant de réflexion suffira pour vous en convaincre : elles contiennent, si je ne me trompe, les trois propositions suivantes : 1° que vous avez la confiance de votre maître ; 2° que la confiance de votre maître vous donne des droits à celle de la nation ; 3° enfin, que parmi les droits que vous donne la confiance de la nation, peut se trouver celui de dédaigner la confiance de tout ou partie de la représentation nationale.

(8)

Quant à la première, que vous avez la confiance de votre maître, je ne suis pas si peu avisé que de vous la contester : cela est évident ; par cela seul qu'un ministre est en fonction, il est censé en possession de la confiance du Souverain. Vous jouissez donc incontestablement de la confiance de votre maître, monsieur le comte.

Ainsi passons au deuxième article.

«La confiance de votre maître vous donne des droits à celle de la nation. » Ce point me paraît beaucoup plus susceptible de discussion.

Dans le gouvernement constitutionnel, le Souverain ne peut faire mal ; il est fictivement infaillible ; il est encore inviolable. De plus, il choisit et nomme les ministres ; jusqu'ici, c'est absolument comme dans les gouvernemens absolus. Maintenant, voici la différence : Dans les gouvernemens absolus, le Souverain, pour jouir d'un pouvoir sans bornes, est obligé de transmettre aux ministres de sa volonté un pouvoir également sans bornes. Par conséquent, les ministres ont, comme leur maître, des droits

à une confiance illimitée de la part de la
nation ; ou, pour mieux dire, ils sont,
comme lui, à même de s'en passer : car,
dans un tel état de choses, le mot confiance
est synonyme de soumission absolue, d'o-
béissance aveugle.

Dans le gouvernement constitutionnel,
au contraire, les ministres sont responsa-
bles ; c'est-à-dire que le Souverain ne leur
transmet que la faculté d'agir, à charge,
pour eux, de demeurer tout à la fois res-
ponsables envers lui, Souverain, et envers
la nation, de l'usage qu'ils en auraient fait.

Ainsi, dans ce gouvernement, le Souverain garde pour lui et la confiance tacite de
la nation, et son infaillibilité fictive, et l'in-
violabilité qui en est la suite. Les ministres
ne sont donc plus que les instrumens du
pouvoir exécutif ; instrumens que le chef de
ce pouvoir peut briser quand il lui plaît, et
doit briser lorsque leur action n'est point
en harmonie avec les vœux et les besoins de
la nation. La nation, de son côté, pourra
manifester un défaut de confiance à l'égard
du ministre même le plus assuré de celle de

son maître. Elle le pourra, soit que le Souverain ne mérite, de sa part, que la confiance tacite qui lui appartient, en raison de sa dignité, soit qu'elle lui en accorde une réelle, en raison de ses qualités personnelles. La confiance de la nation envers les ministres ne résulte donc que de sa propre volonté, et nullement de celle du Souverain. Elle ne résulte, cette confiance de la nation, que des motifs qui paraissent aux administrés suffisans pour la déterminer, et nullement de ceux qui semblent tels au Souverain pour mériter la sienne. Donc enfin, et ce qui est important, la confiance du Souverain ne saurait donner à ses ministres aucun droit à celle de la nation.

Admettons que, par un concours unanime et heureux de volontés, d'opinions, de sentimens, la nation entière ait dans son chef une confiance méritée, commandée par la fermeté, les lumières, la modération, et sur-tout la bonne foi du Souverain ; alors, monsieur le comte, la nation pourrait encore, sans inconséquence, refuser la sienne au ministre qui, comme vous, jouirait le plus de celle du Souverain, ou ne lui en accorder qu'une certaine portion, ou la lui retire toute entière. En effet, elle sera toujours libre de penser que le Souverain s'est trompé une fois en accordant sa confiance, ou que les ministres sont devenus indignes et de celle du Souverain et de la sienne.

Après des raisonnemens si concluans, je puis supprimer, je crois, une foule d'argumens qui donneraient une nouvelle force à mes preuves.

Maintenant, bien qu'en vertu de la seule confiance de votre maître, vous n'ayez pas, de plein droit, celle de la nation, il ne vous reste pas moins la faculté d'y acquérir des titres légitimes. Si donc, par une bienveillance particulière de ce bon peuple de France, vous veniez à jouir de quelque crédit auprès de lui, ce crédit vous donnerait-il le droit de vous passer de la confiance de tout ou partie de ses représentans ? Non en vérité, monsieur le comte, et encore moins celui de le dire.

Dans le gouvernement représentatif, les

députés de la nation sont la nation elle-
même : qui honore les députés honore la
nation ; qui les offense, l'offense également.
Ce principe posé, se passer aisément de la
confiance des représentans, n'est autre chose
que se passer sans peine de celle des repré-
sentés ; dire que la confiance du peuple
donne le droit de dédaigner celle de ses
mandataires, c'est dire ou que ces mandataires n'en sont pas les véritables représentans, ou bien qu'au nombre des droits que
donne aux ministres la confiance de la nation, se trouve nécessairement celui de se
moquer d'elle ; ce qui est intolérable, ce qui
est absurde.

Si, par le plus grand des malheurs, un
vice radical du gouvernement faisait qu'il
n'y eût point représentation ; s'il y avait in-
trigue, fraude, ou violence démontrée dans
les élections ; si enfin il n'y avait point identité entre les volontés de la nation et celles
de ses prétendus représentans, alors, monsieur le comte, ce serait à l'opinion publique à réclamer contre les mesures émanées
de la prétendue représentation nationale ;

la liberté de la presse lui en fournit les moyens ; c'est là sur-tout le véritable but de son institution.

De leur côté, si le gouvernement et le ministère s'aperçoivent que leurs intérêts et ceux de la nation courent risque d'être compromis par des mandataires, sans véritables mandats, le remède est entre leurs mains. N'est-ce point à eux qu'appartient le pouvoir de dissoudre les chambres ? Qu'ils en usent : des élections plus libres donneront une représentation meilleure. Qu'ils aient recours à ce moyen ; mais qu'ils se gardent bien, les ministres, de dédaigner la confiance des mandataires du peuple ! Ce serait leur dire qu'ils ne jouissent pas de celle du gouvernement, ce serait leur dire : « Vous n'êtes point les véritables représentans de la nation, » et rien ne peut les autoriser à cela. Un tel reproche serait toujours dangereux, et ne pourrait jamais être utile : et, de plus, le ministre ne manquerait pas de le prodiguer aux députés même les plus jaloux des intérêts publics, toutes les fois qu'ils auraient le courage de s'opposer à sa cupidité, à son ambition ou à son despotisme.

Vous pourriez répondre, je le sais. Ce n'est pas la confiance de tous les manda-taires de la nation que je dédaigne, dont je suis prêt à me passer; c'est seulement la confiance d'un certain nombre d'entr'eux, qui résistent à mes volontés. A cela, je vous réponds, monsieur le comte : S'il y a représentation, les ministres peuvent se passer de l'assentiment des voix d'une partie des représentans (sur-tout s'ils ont, du reste, la majorité); mais de leur confiance, jamais. S'il y a représentation, en effet, elle existe aussi bien dans la partie qui s'oppose que dans celle qui souscrit aux lois du ministre, de quelque côté que soit la majorité. En outre, la partie des mandataires du peuple dont vous dédaignez la confiance, parce qu'ils vous refusent la leur, représente nécessairement une partie de la nation qui vous refuse la sienne, soit que vous l'honoriez ou non de la vôtre; or, lorsqu'une loi est adoptée, la majorité et la minorité de la nation étant également tenues de s'y soumettre, le ministre, ne fût-ce que pour l'exécuter, n'aura pas moins besoin de la confiance de la minorité que de celle de la majorité, si c'est lui qui l'emporte. S'il succombe, au contraire, il est trop heureux de ne pas perdre celle de toute la nation d'un seul coup. Ainsi, monsieur le comte, vous me permettrez de conclure que sous un gouvernement représentatif, lorsque la nation daigne accorder sa confiance à un ministre, c'est toujours à charge pour celui-ci de la respecter dans la personne de tous et de chacun de ses représentans.

Vous voyez maintenant tout ce qu'a d'inexcusable la scandaleuse période où vous parlez des droits que vous donne la confiance de votre maître : ce sera bien pis vraiment, si nous l'appliquons à la discussion dont il s'agissait.

Dans la délibération de la loi des machinateurs, sur 228 votans, la majorité, en votre faveur, est de 44, donc 130 voix pour vous et 92 contre ; de sorte que, sans rien déduire pour l'influence ministérielle, sans

tenir compte de la petite différence qui aurait pu se trouver dans le résultat, si le peuple eût été appelé à voter lui-même l'ajour-
nement de sa liberté, au lieu de l'avoir fait
par l'organe de 238 représentans dont les
personnes demeurent inviolables ; au contraire, en supposant toujours identité entre
la volonté de la nation et celle de ses députés, eh bien ! monsieur le comte, ce serait
encore à la confiance d'une moitié, ou peu
s'en faut, de la nation, que celle de votre
maître vous permettrait de renoncer d'un
air si délibéré. Certes, il est heureux pour
vous qu'il en soit ainsi ; mais c'est tout au
plus s'il est prudent de l'avoir publié si haut.

Je sens bien que le résultat de cette petite
opération arithmétique, qui de 136 ôte 92,
reste 44, était vraiment satisfaisant pour
vous ; mais il n'y avait pas là de quoi troubler la tête d'un grand ministre ; et de bonne
foi, il faut qu'une révolution subite ait bou-
leversé complètement toutes les fibres du
cerveau de votre excellence, pour que celle
de la prudence s'y soit trouvée comprimée
au point de vous laisser mettre autant d'é-

panchement dans un discours ministériel!
Et voyez un peu l'inconvénient! que messieurs de la majorité s'avisent seulement de
réfléchir sur ce passage : l'ivresse de la prospérité est, comme toutes les autres, amie
née de la vérité, tout le monde sait cela ;
par conséquent la vôtre serait loin de justifier l'inconvenance de vos dédains; et alors
quelles idées, quelles craintes ne seraient
pas capables de leur suggérer les paroles
imprudentes échappées à votre franchise !
« Les volontés de chacun de nous, pour-
raient-ils se dire, sont-elles donc enchaînées
par des liens si étroits aux volontés de son
excellence, que nous ne puissions nous écar-
ter de ses instructions sans nous exposer à
ses mépris ? Et si la confiance de son maître
donne au ministre tous les droits qu'il en
déduit, qui l'empêchera, en cas de résistance de notre part, de nous comprendre
tour à tour dans cette moitié de la nation
dont il traite si durement les représentans ? »
Oh ! je m'arrête, monsieur le comte ; je ne
veux pas tirer toutes les conséquences. Dieu
me garde de fournir à la majorité l'idée de

2

pareils raisonnemens ; d'ailleurs la question vous paraît sans doute suffisamment éclaircie. Je me hâte donc de passer à une autre.

Comme j'ai encore quelques petites erreurs à relever dans votre discours, c'est un besoin pour moi de justifier à vos yeux les motifs qui me dirigent dans cet examen. Soyez donc bien persuadé que ce n'est point par un sentiment de haine personnelle, et encore moins d'envie, que je me laisse conduire. Non, monsieur le comte, et j'espère que ces sentimens me resteront encore long-temps étrangers à votre égard. Les observations que je hasarde ne me sont dictées que par un violent amour de la vérité, par un attachement sincère aux principes constitutionnels, par la vive douleur que me font éprouver les fréquentes atteintes que vous prenez plaisir à leur porter, et par d'autres motifs semblables ; c'est de quoi je prie votre excellence de se tenir pour assurée. Quant à mes droits, ils se bornent à ma qualité de citoyen. Je souhaite que ce titre paraisse aussi respectable aux yeux de votre excellence, qu'il le sera toujours aux miens.

Combien je me sens soulagé par cette courte apologie de mes intentions ! Il semble maintenant que je trouverai à vous faire part de mes réflexions, une nouvelle facilité, et j'en ai vraiment besoin.

Par exemple, voici encore des assertions qui ne me paraissent pas d'une exactitude rigoureuse :

« Depuis qu'elle existe, la police, qui « n'est autre chose que la surveillance de « l'administration, a le malheur ou le bon- « heur, je dirai l'honneur même, d'avoir « beaucoup d'ennemis. » Cela demande explication. Lorsque l'administration est bonne, les ennemis de l'administration sont les perturbateurs du repos public, les gens mal intentionnés ; ce que vous appelez, vous autres ministres, des malveillans, des mauvais sujets. Or, je ne vois pas comment cela peut jamais être un bonheur pour la police, qu'il y ait beaucoup de perturba- teurs, beaucoup de malveillans, beaucoup de mauvais sujets. Je ne trouve qu'un moyen de justifier cette expression : ce serait de séparer les intérêts de la police de ceux de l'administration. Alors seulement il serait vrai de dire : c'est un bonheur pour la police qu'il y ait beaucoup de perturbateurs, beaucoup de mauvais sujets, soit à cause du profit, soit à cause de l'importance qu'elle en retire. Mais ce serait faire tort à un ministre, qui jouit comme votre excellence de toute la confiance de son maître, que de lui prêter des idées si peu d'accord avec les intérêts du Souverain. J'aime donc mieux croire que cela ne peut pas plus se dire que se penser.

Quant à l'*honneur*, il est absolument impossible de vous passer ce mot. L'honneur de l'administration (et je puis le dire, sans courir, comme vous, le danger de me tromper), son intérêt consistent à n'avoir que le moins d'ennemis possible. Comment donc serait-il de l'honneur de la police, qui n'est que la surveillance de l'administration, d'en avoir beaucoup ? Il est clair que, dans cette hypothèse, l'honneur de la police marcherait directement en sens inverse de l'honneur et de l'intérêt de l'administration ; et alors quel déchirement ! Ne serait-il pas à craindre que le hasard ne vînt à placer à la tête de la police un ministre tout à la fois habile et vraiment jaloux de son honneur ? Bientôt le nombre des ennemis de l'admi- nistration irait croissant et multipliant avec la gloire de ce grand ministre; et pour peu que ce magistrat s'abandonnât à un si noble penchant, malheur au gouvernement; sa ruine deviendrait inévitable à l'instant même où la grande ame de son excellence n'au- rait plus rien à désirer. Non, monsieur le le comte, l'honneur de la police ne consiste jamais à avoir beaucoup d'ennemis.

Quelqu'effet donc que produisent d'ail- leurs dans votre phrase les mots *honneur* et *bonheur*, j'engage votre excellence à les supprimer absolument dans la troisième édi- tion de son discours; et alors, monsieur le comte, il faut vous y résoudre, il ne vous restera plus que le *malheur* d'avoir beau- coup d'ennemis. Mais me trompé-je ? non je lis bien :

« Peut-être me serait-il permis de dire « que ce n'est ni dans cette enceinte ni sur « ces bancs qu'elle devrait en rencontrer « autant. » Tudieu! monsieur le comte, comme vous y allez! Des ennemis de la police, des malveillans, des mauvais sujets, et en grand nombre encore, sur les bancs de la chambre, dans le sein de la représentation nationale! ceci passe la plaisanterie. Quant à moi, je prends acte de vos épigrammes ministérielles, et si jamais quelqu'un était tenté, au sujet de cette lettre, de me reprocher un défaut de convenance à l'égard de votre excellence, je le renverrais à ces preuves authentiques de votre respect pour le premier corps constitué de l'État.

Mais poursuivons : la police est inutile, vous a-t-on dit. Qui vous a dit cela, monsieur le comte? à quoi bon se créer des chimères pour les combattre? On vous a dit qu'il était inutile d'accorder à la police une extension de pouvoir que lui refusait positivement la Charte, et on a eu raison. On aurait pu ajouter encore que la police, avec cette extension de pouvoir, devenait une autorité monstrueuse, contraire aux intérêts du Souverain, funeste à ceux de l'État; une autorité anti-constitutionnelle, despotique, une autorité dont la sanction était d'autant plus impolitique qu'on ne pouvait l'établir sans tuer la confiance de la nation, pour ainsi dire avant sa naissance;

Sans donner à entendre, comme l'a dit un des orateurs, qu'avec toute sa force militaire, ses préfets, sa gendarmerie, ses administrations, ses tribunaux ordinaires et extraordinaires, le gouvernement ne pouvait cependant point gouverner;

Sans prouver que les ministres sont bien décidés à ne rentrer dans la véritable voie de la constitution, qu'après avoir parcouru, dans tous ses sens, le labyrinthe inextricable des aberrations qui en écartent. Voilà ce qu'on a dû vous dire, ce qu'on vous a dit en effet, et plût à Dieu que vous en eussiez tenu compte.

Vous ajoutez : On s'est mal expliqué, « c'est le choix du ministre qui blesse quel- « ques personnes, ce ne sont pas les choses, « mais les hommes qu'on a en vue. » Ce n'est donc plus la police, mais bien le ministre qui compte de nombreux ennemis dans le sein de la chambre. La différence est grande

vraiment : nous vous l'avons dit, les ennemis de la police sont les malveillans, les
mauvais sujets; mais les ennemis du ministre, ce n'est plus cela ; ils peuvent être,
eux, de fort honnêtes gens, fort attachés,
sur - tout, aux intérêts de leur pays. C'est
donc gratuitement que vous avez prodigué
l'insulte et le mépris à un si grand nombre
de députés, sous prétexte qu'ils étaient ennemis de la police, sur-tout si vous deviez
nous confesser plus tard qu'ils ne le sont
pas. Autant que possible, monsieur le
comte, soyons conséquens; cela ne gâte
rien même à un discours ministériel.

Mais non, il semblerait que vous avez
juré de ne pas l'être; on ne saurait jeter les
yeux sur votre discours, sans tomber sur
une proposition erronée, contradictoire à
celle qui précède ou à celle qui suit. Dans
les maximes sur lesquelles vous vous ap-
puyez, nulle vérité, nulle force, rien de
clair, rien de précis, rien de démontré.
Est-ce par haine ou par ignorance des principes que vous vous abandonnez à ces di-
vagations? Je vous en fais juge : ici, les

membres de la chambre sont ennemis jurés de la police, et là-dessus, le peuple de les maudire. Mais c'est à tort; plus loin, ils ne sont plus ennemis que du ministre, et nous voilà forcés de leur rendre notre confiance. Là, on a prétendu que la police était inutile; et on ne vous en a pas dit un mot. Bientôt vous avouez vous-même que ce n'est pas cela qu'on a voulu dire. Un moment après, vous revenez à votre première idée. Vous avez résolu de la combattre, de l'exterminer; vous cherchez un argument de la dernière force, un argument irrésistible : écoutons, et nous allons voir la belle chute.

« Au reste (ce sont vos propres paroles), « le droit d'examiner la nécessité d'un mi- « nistère ne vous appartient pas, je puis le « dire sans blesser qui que ce soit. » Mais, au contraire, monsieur le comte, positivement tout le contraire. Vous ne pouvez le dire sans blesser tout le monde; vous ne pouvez le dire sans blesser à la fois la vérité, le bon sens, l'évidence, sans blesser les droits, les intérêts, et sur-tout la majesté de la nation; et personne ne serait plus à même de vous prouver cela que la commission du budget. En effet, monsieur le comte, lorsqu'il existera un ministère bénévole, un ministère dont le chef et les agens travailleront pour l'honneur (et vous savez si l'on peut comprendre les vôtres dans cette cathégorie), un ministère auquel le peuple n'ait pas le droit de demander compte d'une portion plus ou moins considérable des impôts levés sur son travail, sur ses sueurs, et si souvent sur sa misère; alors seulement, monsieur le comte, vous pourrez interdire à MM. les députés la faculté d'examiner l'utilité d'un pareil ministère, et encore faudrait-il qu'il consentît à n'exercer aucune action directe sur l'administration, et que ses attributions se bornassent à pourvoir aux plaisirs ou aux besoins de celui qui l'aurait créé, et qui le paierait; et, je vous le demande, serait-ce là vraiment un ministère ?

Vous me trouverez sans doute bien sévère, monsieur le comte, bien épilogueur. En vérité, vous auriez tort, ce n'est pas ma faute à moi s'il y a tant à reprendre à ce que vous dites : je vous fais grâce de plus de moitié des observations que je pourrais vous adresser sans sortir des bornes.... Que dis-je, moitié? s'il s'agissait de tracer une liste exacte des erreurs, des contradictions dans lesquelles vous tombez, il faudrait s'arrêter des heures entières à chaque ligne, à chaque mot : ce serait à n'en plus finir.

Ce que j'en dis, ce n'est pas par humeur; il y aurait bien cependant de quoi en prendre. Nous ne quittons une phrase sur laquelle nous sommes restés long-temps, que pour passer à une autre qui demanderait des volumes. Mais suivons, avec votre permission.

« Ne serait-il pas même convenable d'ajouter que si ce ministère était supprimé.... »

Pourquoi supprimé? qui vous parle de le supprimer? A quoi bon? N'est-il plus de voleurs, de machinateurs, de conspirateurs en France? Ce n'est pas là ce qu'on exige de la police : ce qu'on lui demande, c'est de restreindre son pouvoir dans de justes limites; c'est de rentrer dans ses attributions, de n'en jamais sortir; c'est enfin de n'être, comme vous l'avez dit, autre chose que la surveillance de l'administration; d'être l'œil et non pas le bras du gouvernement, et non pas un bras lourd, terrible, toujours levé, toujours prêt à châtier. Eh bien! est-ce encore là ne pas vouloir une police dans l'Etat? Non, monsieur le comte, c'est être ennemi de votre police; car monsieur le rapporteur nous a fait connaître ce que vous entendiez par une bonne police. « Toute police est impuissante « et vaine, nous a-t-il dit en votre nom, « si elle est désarmée, si elle ne menace « d'un pouvoir arbitraire quiconque voudrait « conspirer contre l'Etat.... »

Je comprends; comme il pourra toujours exister des conspirateurs, par une juste prévoyance, la police ne doit jamais se désaisir du pouvoir arbitraire; et comme aussi tous les citoyens peuvent se donner le passe-temps de conspirer, tous doivent rester à la discrétion du ministre devenu dictateur; tous doivent redouter en lui l'œil qui voit, l'oreille qui écoute, la main qui atteint et qui punit.

Téméraire ! et je parle ! et j'ose adresser des observations à votre excellence ! Il faut que je compte bien sur votre clémence ou sur votre mépris. Ni l'un ni l'autre, monsieur le comte ; mais en vous voyant aspirer à un pouvoir que j'avais cru jusqu'ici l'attribut exclusif du Souverain maître des choses, je ne doute pas que vous ne vous déterminiez à lui emprunter aussi cette sagesse suprême, cette justice immuable, sans lesquelles un pareil pouvoir ne saurait être que funeste, même à celui qui en serait revêtu.

« Si ce ministère, dites-vous, était sup-
« primé et confié à d'autres mains, auxquelles
« d'autres pouvoirs seraient déjà remis, il
« deviendrait alors bien plus redoutable (s'il
« était possible qu'il le fût) pour la liberté
« publique et la sûreté del'État. »

Tout autre que moi, pour peu qu'il ait de malignité, se jouant d'une mauvaise locution, admettrait votre proposition dans toute son intégrité. Ce que vous dites est vrai ; aussi est-ce précisément tout le con-traire de ce que vous voulez dire. « Votre
« ministère deviendrait bien plus redoutable

« (s'il était possible qu'il le fût)! » Il n'est donc pas possible qu'il soit plus redoutable ? Mais plût à Dieu que ce fût cela que vous eussiez affirmé d'un ton si solennel ! Personne ne songerait à vous le disputer, et l'on concevrait du moins l'espoir de voir cesser bientôt le danger. Malheureusement, c'est bien autre chose ! vous avez voulu dire que si votre ministère était réuni à un autre, il serait alors *vraiment* redoutable (s'il était possible qu'il le fût). N'est-ce pas cela ? Vous voyez que je suis de bonne foi : eh bien ! je vous prie de me dire s'il y a la moindre apparence de fondement à raisonner de la sorte ? Vous venez demander à la chambre la continuation d'un pouvoir discrétionnaire sur la liberté des citoyens ; et, pour la déterminer, vous lui insinuez ce beau raisonnement : Dans mes mains, à moi qui ai déjà un pouvoir sans bornes, arbitraire, sur la nation, la police n'a rien de dangereux ; mais, entre les mains d'un autre dont les pouvoirs seraient bien plus restreints, c'est alors qu'elle deviendrait redoutable, s'il était possible qu'elle le fût.

Comme cela est conséquent! comme cela est fort! et voilà pourtant les raisonnemens enveloppés dans les grands mots, dont chaque jour nous couvrons le bruit par celui de nos applaudissemens ! Pauvre humanité !

Et ce doute: *s'il était possible qu'il le fût,* s'il était possible que la police même arbitraire, même mal faite, même dirigée par un ministre enclin à l'avarice, à la haine et à l'ambition, fût redoutable pour les citoyens! bientôt le despotisme lui-même deviendra favorable à la liberté, pourvu qu'il soit exercé par la police. Que d'hérésies politiques en si peu de mots! Mais il ne faut pas y songer. Ce *s'il était possible qu'il le fût!* serait capable de mettre en révolution la bile du constitutionnel le plus flegmatique. *S'il était possible qu'il le fût!*... Ah! monsieur le comte !

On dit, monsieur le comte, qu'après avoir bien lu un livre, on devient soi-même capable d'en faire un sur la même matière. Eh bien! je dis, moi, qu'après avoir discuté les points faux de votre discours, on serait à même d'*enfanter* des traités complets de législation civile et politique ; mais rassurez-vous, je veux bien vous épargner, ainsi qu'au public, tous ceux dont vous pourriez me fournir le sujet. Je me retracte donc. J'avais promis d'analyser de point en point vos principes politiques, mais impossible. La plus grande partie ne souffre pas de discussion ; ce n'est pas, je vous assure, parce qu'ils sont généralement reconnus.

Cependant, comme dans la bouche d'un ministre il serait à craindre qu'ils empruntassent quelque autorité de l'éminence de ses fonctions, je les releverai désormais en masse par une simple observation, par un mot qui en fasse ressortir la fausseté ou l'inconvenance.

Et pour faire usage de notre nouvelle méthode, je transcris presque tout votre sixième paragraphe.

« On vous a dit que dans la loi des machinateurs, non plus que dans celle des suspects (je substitue les noms aux choses), il n'y avait aucune garantie possible ; il y a une responsabilité bien plus grande que celle de la loi. » Une responsabilité bien plus grande que celle de la loi ! Est-ce sérieusement, monsieur le comte ? Voilà donc la responsabilité des ministres encore une fois inutile ; car, à quoi bon la responsabilité légale, s'il y en a une meilleure, plus sûre, plus efficace ? Je sens que ces maximes sont toujours bonnes à répandre : sur la quantité qu'il y en ait, seulement quelques-unes qui prennent racine ; c'est toujours autant de gagné. Efforts inutiles, vous semez sur un sol ingrat, ou du moins vous choisissez bien mal ce que vous lui donnez à reproduire. Mais voyons ce que vous entendez par une responsabilité plus forte que celle de la loi : « C'est, messieurs, cette responsabilité qui n'est pas seulement dans la bouche du magistrat, mais dans sa conscience. » La conscience d'un ministre de la police ! Vous êtes gai, monsieur le comte, excessivement gai. Il est bon, je l'avoue, d'assaisonner de plaisanteries, ce qu'on débite en présence des représentans d'une nation qui se distingue par un caractère éminemment enjoué ; mais ne serait-il pas possible de les

faire porter sur des points moins impor-
tans ? Comme ils ont dû être embarrassés
ceux qui vous demandaient une autre garantie au nom du peuple, lorsque vous
leur avez répondu : Moi, messieurs , je
vous offre mieux que cela; je vous engage
ma conscience. A propos de cette saillie, il
faut que je vous conte une aventure arri-
vée à un pauvre homme de ma connais-
saissance : il avait été chargé de la tutelle
d'une jeune famille qui venait de perdre
son chef. Empressé de faire fructifier le
comptant de la succession , il se rend à
Paris. Alors il n'était bruit dans la capitale
que de l'habileté d'un certain personnage ,
entre les mains duquel se trouvait placée
la fortune d'un grand nombre de particuliers : c'est lui que va trouver notre tuteur.
Monsieur, j'ai des fonds à faire valoir; je
voudrais avantage et sûreté ; c'est le de-
nier de l'orphelin. — Monsieur, soyez le
bien venu; vous ne pouvez vous adresser
mieux. On tombe d'accord des intérêts ;
l'argent est versé entre les mains de l'habile
homme. — A présent, monsieur, vous vou-

drez bien me donner un petit mot de votre main? — Comment, monsieur? — Oui, Monsieur, une sûreté, un titre, une garantie enfin.—Vous voulez rire sans doute, monsieur? Quelle meilleure garantie que celle de ma conscience, de mon crédit, de mon honneur? Vous trouverez tout simple, monsieur le comte, que mon provincial n'ait rien su répliquer à cela, et c'est ce qui lui arriva. De retour au pays, le procureur de l'endroit, qui n'était pas tout à fait comme lui de l'âge d'or, s'avisa de lui demander s'il avait bonne hypothèque. Mon homme lui répondit que, bien mieux que cela, il avait pour garantie la bonne foi d'un honnête banquier de la capitale. Là-dessus, le procureur de se moquer. Quelques mots suffirent au praticien pour faire concevoir au confiant tuteur les plus vives appréhensions sur les suites de son imprudence. L'inquiétude l'eut bientôt ramené à Paris. Il arrive, il descend chez son consciencieux débiteur ; mais, hélas ! l'habile homme venait justement de déposer son bilan ; en vain l'infortuné tuteur lui rappela-t-il son honneur compromis ; en vain essaya-t-il de l'émouvoir par un appel touchant à sa conscience. Force lui fut de s'en retourner tristement, emportant pour tout solde de compte, le droit de diffamer celui qui l'avait si indignement trompé. Il en usa sans doute ; mais ce fut un bien faible dédommagement pour lui, puisque n'étant pas à même de restituer ce qu'il avait fait perdre, il eut à se reprocher d'avoir causé la ruine de ceux dont il était chargé de conserver la fortune, et qu'il fut regardé comme un sot par les plus indulgens, et comme un fripon par ceux qui l'étaient moins.

Vous apercevez, monsieur le comte, sans que je vous l'explique, ce que cette anecdote a de direct à notre sujet ; il me semble qu'elle répand une lumière assez vive sur la doctrine de la responsabilité des consciences. Je ne sais si c'est pour le plus grand bien de la science, car telle que vous la professez elle me paraît un peu amie de l'obscurité.

Parmi les principes fondamentaux dont

vous l'avez enrichie, j'en ai remarqué un
en vertu duquel toute la punition des ministres se bornerait à ne pouvoir obtenir aucune
considération publique ni personnelle : en-
sorte qu'à l'égard des ministres, le châti-
ment est négatif : lorsqu'ils font mal on ne
les punit pas; on se contente de leur refuser ce qu'on leur accorde lorsqu'ils font
bien. C'est vraiment tout à fait rassurant
pour eux; mais cela ne l'est pas trop pour
le pauvre peuple : il y a tant de ministres
qui ont pris le parti de s'en passer de cette
considération personnelle, et qui ne paraissent pas avoir vécu moins paisiblement au
milieu des honneurs et de toutes les jouissances de la fortune ! Je ne sais pas comment ils se trouvent des exécrations dont
la postérité ne cesse de charger leur mé-
moire; mais en attendant que nous appre-
nions comment ils sont punis de leurs fautes
dans l'autre monde, je ne serais pas fâché
de voir établir une responsabilité un peu
plus forte, un peu plus sûre que celle de
leur conscience, qui nous en préservât dans
celui-ci.

Une telle responsabilité (celle de la conscience) *n'est point un mot.* Ma foi, si c'est une chose, à en juger, par le nombre d'erreurs, de fautes ou de crimes qu'elle n'empêche pas, je ne vois pas à quoi elle peut être bonne.

Ici je suis obligé, malgré moi, de revenir sur cette partie de votre discours, et de la considérer grammaticalement : l'expression fait tort au sens et le sens est important. « Il « y a une responsabilité plus grande que celle « de la loi : c'est cette responsabilité morale « qui n'est pas seulement dans la bouche du « magistrat, mais *dans sa conscience, sur* « *laquelle le public le juge,* et sans laquelle « il ne peut obtenir aucune considération pu- « blique ni personnelle.» Est-ce sur sa conscience ou sur sa responsabilité que le public le juge? impossible de le deviner. Ce ne saurait être sur sa conscience, car le public ne pourrait prendre une plus mauvaise mesure que celle-là des actions d'un ministre ; ce ne peut être non plus sur ou d'après sa responsabilité morale, comme il aurait fallu dire alors, car qu'est-ce qu'une responsabilité

morale qui est dans la conscience d'un ministre, et sans laquelle il ne peut obtenir
aucune considération publique ni personnelle? S'il faut en croire le législateur de
notre Parnasse,

Ce que l'on conçoit bien s'énonce clairement :

d'après ce principe, et la manière dont
vous expliquez la responsabilité morale, il
est à craindre que vous n'en ayez pas une
idée très-précise. Je souhaite, monsieur
le comte, qu'une bonne loi sur l'autre responsabilité vous fasse mieux connaître en
quoi consiste celle-ci, et cela deviendra fort
aisé. Tout ce dont vous ne serez responsable que devant le tribunal de l'opinion publique, constituera la responsabilité morale.
Quant à la responsabilité légale, cela s'ap-
prend si facilement !

Mais, voyons ce que vous en dites.

« Et d'ailleurs, la responsabilité légale
« n'est-elle pas également renfermée dans la
« loi ? » Dans la loi, d'accord ; mais dans la
suspension de la loi ?... Or, la loi des suspects et celle des machinateurs ne sont autre
chose qu'une suspension de l'article de la

Charte, qui garantit aux Français l'exercice de leur liberté individuelle.

« Si, au lieu de ces accusations vagues « qui ont retenties à cette tribune, il était « possible de citer des faits ; si on pouvait « venir vous dire que le ministre a abusé de « la loi (des suspects). » Monsieur le comte, vous donnerez à cette interpellation le nom qu'il vous plaira ; pour moi, je ne lui en connais pas qui puisse concilier l'exactitude et la politesse ; je me dispenserai donc de la qualifier. Ainsi, monsieur le comte, c'est bien à ceux-là même qui vous ont si imprudemment revêtu d'un pouvoir immense, arbitraire, sans bornes; c'est bien à eux que vous avez le courage de demander des faits qui prouvent que vous avez abusé de ce pouvoir ! Ces faits, s'il eût été possible de les citer, plus ils eussent attesté votre étourderie ou votre despotisme ; plus ils eussent accusé leur crédulité, leur imprévoyance, ou les passions qui les dominaient lorsqu'ils sanctionnèrent, pour la seconde fois, le scandale politique d'une nouvelle loi des suspects. Avec quelle joie cruelle vous les réduisiez à justifier à la face de la nation le reproche terrible d'être restés sourds à la voix de l'expérience ; d'avoir étouffé dans leur cœur le sentiment du bien public, pour n'écouter que les suggestions de la haine, de la vengeance ou d'un vil intérêt ! Comme, en vous livrant à ce mouvement oratoire, vous avez dû jouir par avance de la certitude de leur silence ! Ah ! ce fut alors, sans doute, monsieur, ce fut vraiment alors, ou jamais, qu'ils durent ressentir tout ce qu'ont de poignant les aiguillons du repentir ! C'est en présence de la nation, que M. le comte Decazes leur demande des faits ! Ah ! monsieur, si vous prétendiez réellement à une réponse, ce n'était point à eux qu'il fallait vous adresser ! Peut-être ne se sont-ils aperçus de leur funeste méprise, que lorsqu'ils ont pu craindre d'en devenir eux-mêmes les victimes. Mais c'était à ceux qui ont subi la fatale expérience d'un pouvoir sans bornes, remis entre des mains dont la prudence et l'intégrité n'en connaissaient que trop ; c'était à ceux qui se sont succédés sans relâche pendant plus de huit mois dans vos

salles de la préfecture, pour y attendre
qu'on les eût classés et répartis par cham-
brées dans vos prisons ; c'était à ceux qui
chaque jour venaient en foule y expier le
crime d'un mot, d'un regard, d'un geste,
ou même, faut-il le dire, d'un silence sédi-
tieux ; c'était à ceux à qui vous avez infligé
le barbare supplice d'un long et inutile se-
cret ! Ou bien que ne vous adressiez-vous
encore à ces hommes qui, échappés à la loi
d'admnistie, espéraient, à l'aide d'une vie
obscure et retirée, échapper également au
besoin d'action qui s'était emparé de nos
agens ! Les malheureux ! combien ils se
trompaient ! Arrachés à la liberté dont ils
s'étaient interdit déjà les plus doux char-
mes, entraînés, jetés dans d'odieux cachots,
ils se sont vus réduits, pour en sortir, à implorer eux-mêmes la faveur d'un exil. Heureux encore, si l'espace immense des mers
ne devait pas les séparer, pour jamais peut-
être, de tout ce qui leur était cher ; et si
quelque ami courageux et puissant, obte-
nait pour eux la grâce de pouvoir contem-
pler de loin le sol chéri de la patrie ! ah !

n'en doutez point, ils vous eussent répondu
ceux-là ; ou si une juste terreur eût conti-
nué de glacer leur voix , que n'interrogiez-
vous tant de parens, tant d'amis, tant de
familles réduites par vous au désespoir ?
Alors vous n'eussiez rencontré personne
qui ne fût en état de vous répondre ; alors
on vous eût cité des faits ! Mais non ; vous
nous apportez le relevé de vos registres :
qui osera les récuser ? Le nombre des détenus ne s'est jamais élevé à plus de 1700
dans toute l'étendue du royaume ! ! !

Cette fois, du moins, vous deviez avoir
raison ; je ne pense pas que personne, dans
la Chambre, ait été tenté de vous contre-
dire : ce ne pouvait pas être ceux qui vou-
laient qu'on vous continuât le pouvoir arbitraire d'emprisonner et de détenir ; les
autres ne vous le refusaient que parce qu'ils
savaient trop ce qu'avait coûté à la patrie et
à eux-mêmes la coupable faiblesse de vous
en avoir revêtu une fois. Ils n'auraient
trouvé ni honneur ni profit à vous convaincre d'un tort dont ils auraient partagé la
honte ; aussi quel silence ! quelle convic-

tion dans l'assemblée ! cela tenait de la stupeur ; dix-sept cents détenus dans toute l'étendue du royaume ! Il n'y avait effectivement rien à répondre à cela ; seulement on aurait peut-être pu demander à M. le comte Decazes si, dans ce nombre, se trouvaient compris ceux qu'il avait favorisés d'un exil clandestin ? Il est probable que non, puisque son excellence leur avait accordé la liberté...... de sortir du royaume, et, de plus, celle de n'y pas rentrer (1).

Aussi avec quelle assurance il s'écrie, M. le comte Decazes, « si l'on pouvait venir vous dire que le ministre a abusé de la loi ! » Mais quoi ! pensiez-vous donc, monsieur, que le sentiment de l'injure fût entièrement éteint dans le cœur des Français ? Avez-vous pu croire qu'il ne s'en trouverait pas un seul qui essayât de faire retomber l'insulte et le mépris sur ceux qui oseraient les leur prodiguer avec si peu de ménage-

____

(1) Monsieur le comte doit bien penser que nous sommes en état de citer des faits, nous à qui on n'en a pas demandé.

ment ? Eh bien! monsieur le comte, puisqu'il faut que parmi eux quelqu'un vous désabuse sur le compte de tous, apprenez de moi que sur 24 millions de Français, il y en a 23, peut-être, qui n'ont pas attendu de vous voir exécuter la loi des suspects pour apprécier tout ce qu'elle avait d'odieux et de funeste. Apprenez que tous, sans exception, se sont aperçus qu'à l'instant où vous avez adouci les rigueurs de cette loi fatale, s'il lui restait encore quelque chose de dangereux, ce n'était certainement pas pour vos administrés ; car elle leur avait fait tout le mal qu'elle pouvait désormais leur faire.

L'ardeur infatigable avec laquelle la nation française poursuit l'espoir d'obtenir un jour un gouvernement constitutionnel, aurait dû suffire pour vous convaincre que nul peuple au monde n'était plus éloigné de se mettre volontairement à la discrétion d'un seul, et sur-tout d'un inconnu : et comment avec les lumières, l'expérience et la sagacité qui le distinguent, ce peuple aurait-il ignoré un instant que la loi des suspects, par le fait seul de son existence, était un abus insigne, un abus dont les suites devenaient incalculables? Cela ne pouvait être, monsieur le comte, cela n'a pas été : on a tremblé en vous la voyant proposer, on a tremblé davantage en la voyant sanctionner.

On savait que, commis sous ses auspices, les excès les plus abominables perdaient jusqu'à leur caractère de crime; et comment abuser d'une loi qui ne comportait que l'usage et point l'abus? Et cependant vous demandez qu'on vous prouve que vous en avez abusé!

Mais, monsieur, supposons un instant que cette loi fût susceptible d'abus qui donnas-sent lieu à la responsabilité des ministres; qu'en serait-il résulté de si funeste pour vous?

L'attentat à la liberté des citoyens est manifeste, la violation des droits les plus sacrés des citoyens est avérée ; la chambre des communes vous accuse, celle des pairs vous condamne. J'aperçois un inconvé-nient : vous condamne, à quoi? Les mi-nistres ne peuvent être accusés que pour cause de trahison, de concussion ; quelle apparence que le Souverain, dont vous avez toute la confiance, consente à regarder comme trahison de votre part, la détention arbitraire de quelques centaines de particuliers? Ce que vous en avez fait, n'était-il pas dans la vue de ses intérêts? Vos intentions ne sont-elles pas là qui réparent tout? Elles sont pures, sans doute; et puis, cette faculté de faire grâce, dont le Souverain ne manquerait pas d'user pour son honneur même, envers un ministre de son choix! Et vous nous parlez de responsabilité légale, et vous nous parlez de roche Tarpéienne!! Monsieur le comte, si, comme vous, j'étais ministre, et que j'eusse eu le malheur d'écrire le paragraphe de votre discours où vous citez si à propos Rome et la roche Tarpéienne, il me suffirait de le relire de sang-froid, pour concevoir une juste défiance de moi-même. C'est une bonne chose, monsieur le comte, pour un ministre, que la défiance de soi-même. Relisez-le donc, je vous prie, ce paragraphe; et, d'après les applaudissemens dont il a été honoré par ceux qui appuyaient votre loi des machina-

teurs, jugez ce qu'il faut penser des suffrages humains, lorsqu'ils ne sont pas absolument désintéressés. « A Rome, dites-
« vous, le dictateur avait un pouvoir illi-
« mité; mais quand il descendait de la chaise
« curule, il paraissait devant le peuple en
« simple citoyen, avec la noble confiance
« de cette responsabilité morale. La roche
« Tarpéienne était là; mais lorsque la cons-
« cience des magistrats leur disait qu'ils
« avaient exercé cet immense pouvoir dans
« l'intérêt de la liberté, et fait servir l'arbi-
« traire même au salut de la patrie, ils regar-
« daient la roche Tarpéienne sans effroi,
« ils y montaient sans terreur. » Avouez,
monsieur le comte, qu'il était difficile de
choisir plus malheureusement une citation.
Quel trait de lumière pour les ignorans! La
dictature n'était donc point sans responsabilité même à Rome? Il y avait donc à Rome
une roche Tarpéienne d'où l'on précipitait
les dictateurs qui abusaient de leur pouvoir?
Étrange responsabilité morale; on la pren-
drait pour une véritable responsabilité phy-
sique. Oh! monsieur le comte, nous n'en

demandons pas davantage. A Paris, malheureusement, j'y vois bien des ministres
revêtus d'un pouvoir arbitraire, d'une véritable dictature ; car, qu'est-ce autre chose
qu'un pouvoir absolu sur la liberté des
citoyens ? Mais je cherche vainement une
roche Tarpéienne ; j'aperçois des abîmes
ouverts, mais c'est pour ceux qui sont
soumis à la dictature, et nullement pour
ceux qui l'exercent. Pourquoi donc n'y aurait-il pas de roche Tarpéienne à Paris ?
Pourquoi, jusqu'à présent, n'y a-t-il pas
eu en France l'ombre de responsabilité
pour les dictateurs ? Vite, une roche Tarpéienne, monsieur le comte. Mais, entre
nous, si nous sommes assez heureux pour
que l'idée d'une roche Tarpéienne prenne
en ce pays, bien que l'on vous soit rede-
vable de ce bienfait, je ne vous conseille
pas d'en faire l'essai à l'expiration de votre
pouvoir discrétionnaire.

Mais il est vraiment temps d'abréger ; je
me hâte donc d'arriver à l'endroit où vous
parlez de l'ordonnance du 5 septembre.

Vous vous demandez comment cette or-

donnance pourrait avoir réjoui les ennemis
du roi ; je m'en vais tâcher de vous l'expliquer. Les ennemis du roi peuvent être con-
vaincus, comme le reste des Français, que
tout gouvernement qui ne serait point constitutionnel, loyalement constitutionnel, est
incompatible avec les vœux de la nation.
Qui les empêche de se dire : « Avant l'ordonnance du 5 septembre, la faculté de revoir
la constitution par l'organe des représentans
de la nation, avait été accordée, solennel-
lement accordée par le Roi aux Français,
quelques jours avant son départ de Paris
pour Gand ; accordée dans le sens des intérêts du peuple ; comme une concession
libre et indispensable en sa faveur ; c'était
pour le peuple un droit acquis. L'ordonnance du 5 septembre lui enlève ce droit ;
cependant où est le vœu du peuple qui
exprime le besoin d'y renoncer ?

« Avant l'ordonnance du 5 septembre, la
représentation nationale se composait de
plus de six cents députés ; c'était encore
un grand bienfait de la munificence royale,
que cette extension de force, de liberté et

de splendeur concédée à la représentation. Par l'ordonnance du 5 septembre, plus d'extension : réduction totale, au contraire ; aujourd'hui la chambre des députés compte moins de trois cents membres effectifs. La loi des machinateurs, par exemple, a été délibérée par deux cent trente-huit !

« L'ordonnance du 5 septembre n'est donc pas un acheminement vers un bon gouvernement constitutionnel, mais un pas retrograde ; l'ordonnance du 5 septembre n'accorde donc rien au peuple, tandis qu'au contraire elle lui retire beaucoup ; elle n'affermit donc pas la confiance de la nation dans le gouvernement du Roi ; elle tend donc, cette ordonnance du 5 septembre, à établir un gouvernement ministériel, un gouvernement aristocratique, puisqu'elle met la représentation nationale sous l'influence absolue du ministère, loin de la dégager de toute influence.

« Or, rien n'est plus opposé à l'établissement d'un bon gouvernement constitutionnel, que l'influence ministérielle. Nous pouvons donc, nous ennemis du Roi, nous réjouir de l'ordonnance du 5 septembre. » Je ne vois pas, monsieur le comte, qu'il soit absurde de prêter ce raisonnement aux ennemis du Roi.

Je sais bien que vous ne manquerez pas de leur objecter que les passions, le zèle excessif de la majorité de la dernière chambre, menaçaient de compromettre la liberté publique; mais ils vous répondraient peut-être par une série de questions à peu près semblables. Par exemple, sous les auspices de qui se sont faites les élections de 1815? Les présidens n'exercent-ils aucune influence sur les élections? N'est-ce pas les amis du Roi, les princes de sa famille, qui ont présidé les colléges électoraux de 1815? N'est-ce pas le Roi qui les avait choisis? Au lieu de réprimer ce zèle et les passions exaltées dont ils se plaignent maintenant, les ministres ne s'en sont-ils pas servis pour obtenir, pour surprendre une loi des suspects? N'est-ce pas cette loi même, cette loi fatale, qui, animant les citoyens les uns contre les autres, a déchaîné sur notre malheureuse France la haine, la délation et la calomnie ? N'est - ce pas elle qui, à force de chercher les ennemis du Roi, a fini par en trouver par-tout ? Après avoir demandé un zèle ardent et des passions im-modérées, après avoir partagé les écarts de ce zèle et de ces passions, comment en faire aujourd'hui un crime à ceux dans qui vous les encouragiez hier ? Si vous avez reconnu que ce zèle menaçât de compromettre la sûreté du trône, pourquoi sauver le trône aux dépens de la nation, de sa liberté, de ses droits ? De quel œil pensez-vous qu'elle se soit vu, cette nation, enlever ses plus précieuses prérogatives, une nombreuse re-présentation, et la faculté de reviser une constitution octroyée, sous prétexte que des députés imprudens pourraient les faire tourner contre ses intérêts ? N'y avait il au-cun moyen de parer à cet inconvénient ? Que ne proclamiez-vous hautement l'inten-tion de changer de système ? que n'en adop-tiez -vous un plus raisonnable ? que ne débarrassiez-vous les prisons ? que ne pro-mettiez - vous de ne plus les encombrer sans nécessité ? que ne remplaciez - vous les

préfets, les commissaires de police et les
autres administrateurs dont vous soupçon-
niez le zèle immodéré, par des hommes
bien déterminés à faire respecter les lois, à
ne souffrir d'autre influence que celle des
lois, à ne reconnaître pour ennemis du Roi,
que les ennemis des institutions de la Charte
des lois ? Après avoir préparé ainsi une mesure dans laquelle il s'agissait de trouver le
salut de la France et celui du trône, vous
pouviez dissoudre la chambre, vous pouviez
en convoquer une autre. Alors quel inconvénient à procéder à de nouvelles élections,
maintenues au même nombre, mais devenues libres, mais devenues raisonnablement
populaires ? Direz-vous que la terreur se
serait prolongée parmi les citoyens, au
point de leur faire abandonner les intérêts
de leur liberté à la faction qui les avait oppri-
més jusque-là ? Vous n'eussiez pas eu à
craindre non plus que les véritables représentans de la nation tentassent de vous arracher le rétablissement des servitudes et de
tout l'attirail féodal des temps passés ? Que
redoutiez-vous donc, en réduisant ainsi,

contre toute espèce de loyauté, contre tout droit, le nombre des députés? Rien qu'une véritable représentation, monsieur le comte, répondent les ennemis du Roi, et ils l'affirment, et ils le prouvent; et ils démontrent que de tous les projets, le plus difficile à exécuter alors, était celui que vous avez conduit à fin, avec le secours de l'ordonnance du 5 septembre, celui d'établir un gouvernement purement ministériel. Et là-dessus, ils se réjouissent, comme bien vous pensez! Et il faut qu'ils aient raison dans leur sens; car je connais tels des véritables amis du Roi que l'ordonnance du 5 septembre n'a pas médiocrement contristés, et qui cependant professent un attachement inviolable à la saine doctrine constitutionnelle. C'est à vous, monsieur le comte, de peser dans votre sagesse la joie des uns et la tristesse des autres!

Quoiqu'il **en** soit, afin d'éviter que le peuple s'aperçoive de bien de petites choses qu'il n'a pas besoin de savoir, il sera bon de supprimer, en parlant au nom de votre maître, certaines formules qui sentent le

Mazarin d'une lieue. Par exemple, celle-ci :
« Ne perdons pas de vue que l'amour ne
« dispense pas de la soumission, le zèle de
« l'obéissance. » Est-ce bien là ce qu'il faut
exiger ouvertement de la représentation nationale, appelée à concourir librement à un
acte de législation ? Pourquoi ne pas lui
demander tout bonnement du calme, de la
bonne foi, du zèle pour les intérêts du peuple ? Il n'en serait toujours que ce qu'il en
doit être, et cela sauverait du moins les
apparences.

Mais les apparences même ne sont rien
pour vous, monsieur le comte, vous foulez
noblement aux pieds les convenances politiques les mieux établies. Qu'importe que
les députés de la nation aient le droit de
refuser ce qu'on leur demande : s'ils font la
moindre résistance, vous avez des moyens à
vous. Mais il faut vous laisser parler. « Il reste
« des malveillans, dites-vous, mais ils ne
« sont pas dangereux, puisque l'autorité ne
« sera pas désarmée, que sa force sera tou-
« jours au niveau de ses devoirs (il paraît
que vous comptez sur une prorogation de

la loi des machinateurs); et que même,
« sans le pouvoir extraordinaire qu'elle de-
« mande, elle saurait se suffire à elle-même,
« et sauver l'État. » Jusque-là, c'est fort bien :
on pourrait seulement demander si c'est
pour le seul plaisir de violer la Charte, que
le ministre s'obstine à se faire accorder une
autorité extraordinaire, dont il avoue pouvoir se passer sans inconvénient. Mais ce
qui est vraiment curieux, c'est la manière
dont vous expliquez, monsieur le comte,
que, sans ce pouvoir extraordinaire qu'on
vous refuse, vous saurez, au besoin, vous
suffire à vous-même par un autre pouvoir
extraordinaire que vous avez déjà. Il faut
que je vous procure le plaisir de relire ce
passage : « Car, Messieurs, en supposant un
« danger public, une tentative contre la sû-
« reté de l'État (et il devient aussi impos-
« sible de la prévoir que de la craindre), si
« le gouvernement se trouvait en effet dé-
« pourvu de ce moyen de pouvoir (extraor-
« dinaire) qu'il aurait en vain réclamé,
« l'article 14 de la Charte existe, et le Roi
« saurait s'en emparer. »

En supposant....Ainsi, monsieur le comte,

comme vous êtes toujours à même de sup-
poser, si l'on vient à vous demander raison
de quelque coup d'autorité bien arbitraire,
bien ministériel, la sûreté de l'État est là qui
répond à tout, c'est pour vous une espèce
de retranchement inexpugnable : vous n'en
sortez pas. Monsieur le comte, ces coups
d'autorité on peut se les permettre sans
danger, sur-tout dans un pays où il n'y a
pas de roche Tarpéienne ; mais en menacer la nation, mais en menacer les représentans, et cela encore pour leur arracher
une patente, un privilége exclusif d'exécu-
teur titulaire des coups d'autorité en France ;
ma foi, monsieur le comte, cela n'est pas
bien, oh ! point du tout. Voilà, par exemple,
une de ces circonstances où l'on éprouve un
véritable embarras pour exprimer aux gens
tout ce que l'on pense de leurs actions ou
de leurs discours : il n'y a pourtant pas
moyen de dissimuler. Essayons d'une comparaison.

Quelle différence trouvez-vous, monsieur le comte, entre un ministre qui, pré-
tendant avoir besoin d'un pouvoir extraor-
dinaire(qu'il avoue du reste lui être parfai-

tement inutile) , marche droit à la Chambre des députés, y prononce une harangue bien audacieuse, bien offensante pour la nation, bien outrageante pour ses représentans, et joignant la menace à l'insulte, termine en leur signifiant qu'ils aient à se dessaisir entre ses mains de leur liberté, sinon qu'il saura bien aviser au moyen de s'en emparer? Quelle différence, dis-je, trouvez-vous entre un tel ministre et ce malheureux qui se rend sur la grande route pour y implorer la commisération publique, le sabre au côté et le pistolet au poing? La différence, monsieur le comte, et il faut bien qu'il y en ait, puisqu'une comparaison n'est jamais parfaite; la différence c'est que le malheureux dira peut-être qu'il ne s'est laissé entraîner au crime que par la misère et le désespoir, tandis que le ministre ne saurait jamais rien alléguer pour sa justification; que l'un a blessé les droits de quelques individus seulement, tandis que l'autre s'est efforcé de ravir à toute une nation son bien le plus précieux, la liberté; que le malheureux ne devait ni reconnaissance, ni respect, ni protection à ceux qu'il a dépouillés ; que le ministre, au contraire, leur devant tout cela, a tenté de leur arracher, par la violence, le dépôt même dont il était chargé de leur assurer la conservation ; que celui-là n'a violé qu'un seul droit, que celui-ci les a violés tous ; qu'enfin l'échafaud est assuré à quiconque se laisse aller aux perfides conseils de la misère, tandis qu'une désolante impunité, toutes les jouissances de l'ambition sont réservées le plus souvent aux ministres prévaricateurs.

Mais, monsieur le comte, si quelqu'un s'autorisait de cette comparaison pour vous traduire devant la justice du Souverain, je l'avertis qu'il s'abuserait étrangement. Vous êtes coupable, très-coupable, sans doute ; mais d'intention seulement, et pour accuser un ministre, il ne faut pas moins que des faits, et positifs encore, et il n'en existe point contre vous. « En effet, pourriez-vous leur dire, en menaçant MM. les députés de l'article 14 de la Charte, s'ils ne m'accordaient un pouvoir discrétionnaire sur la nation, j'ai bien cru les menacer d'une véritable dictature ; il y a même tel journal qui assure positivement que je l'ai fait (1). Mais je me trompais, je ne comprenais point la Charte, je n'entendais pas l'article 14, plus que les autres. Cet article se borne à donner à mon maître « le droit de « faire les réglémens et ordonnances né- « cessaires pour l'exécution des lois et la « sûreté de l'État. » M'emparer de cet article, c'était donc ne m'emparer de rien. Au moment où j'ai cru frapper la liberté d'une arme meurtrière, je la frappais... de rien. L'article 14 ne saurait porter que des coups innocens; or, l'intention seule ne

---

(1) *Voyez* dans le Constitutionnel, non pas le discours complet de M. Decazes, mais l'analyse que ce journal en a donnée avant de publier le texte en entier. Voici comme il rapporte ce passage : « Si « les circonstances exigeaient que le Roi eût re- « cours au pouvoir de la dictature, il saurait s'en « emparer, et il ne serait pas au-dessous de son « pouvoir. » Je n'ai point entendu parler que le Constitutionnel ait été supprimé. Les journaux ne sont-ils plus sous la surveillance de la police? ou si c'est que son excellence ne pouvait punir le Constitutionnel, attendu qu'il n'avait été que fidèle ?

rend pas coupable devant la loi. Si le malheureux, pour implorer la compassion publique, s'était armé, dans son égarement, d'une latte et d'un pistolet de carton, il ne serait pas moins coupable aux yeux de l'humanité; mais aux yeux de la justice, il ne serait qu'un fou, et non pas un voleur de grand chemin. »

Vous voyez, Monsieur, je dis indistinctement le pour et le contre. Peut-on mettre plus d'impartialité dans la discussion? Mais ne m'en sachez aucun gré : il est impossible, après vous avoir lu avec attention, de ne pas s'apercevoir que ce que vous dites vous inquiète fort peu, que vous n'attachez aucune importance au fonds; que ce qui vous touche principalement, c'est la forme, c'est un certain arrangement dans les phrases, un certain ordre dans les mots, d'où il résulte que l'auditeur croit apercevoir une idée là où il n'y en a pas, là où il n'y a même que contradiction et absurdité.

Et cette méthode peut être bonne : si elle était généralement adoptée, on se croirait moins obligé de s'attacher aux maximes du ministre , et un peu plus de rechercher la vérité. Qu'ils se détrompent donc ceux qui pensent absolument que vous soyez enclin à l'arrogance , à l'ambition , au despotisme ; ils vous jugent sur le fonds, et, encore une fois, c'est par la forme que vous valez quelque chose : ils vous imputent à crime des principes anti-constitutionnels, subversifs de tout bon gouvernement, de toute raison même , comme si vous étiez responsable de ce qu'une combinaison de mots, tous indispensables à l'harmonie de votre période, forme tel sens plutôt que tel autre. Il faut absolument que, pour vos propres intérêts, monsieur le comte, j'achève de les convaincre du peu d'attention que vous portez au sens et à la suite dans le raisonnement. Quelques rapprochemens me suffiront; je prendrai soin de les extraire de votre discours.

« Dans l'application de la loi des sus-« pects, on peut dire que l'arbitraire a été « populaire : chacun a vu que le pouvoir « suprême avait été lui-même le modéra-« teur de la loi. » Une ligne plus bas : « On « vous a dit que si les administrations lo-

« cales avaient appliqué la loi, et avaient
« pris quelques-unes de ces mesures qu'elle
« autorise, elles avaient toujours été ap-
« prouvées par le ministre, je répondrai
« qu'il n'en a pas été ainsi. » Vous concevez,
monsieur le comte, que je n'ai pas entrepris
la tâche pénible de faire ressortir toutes les
contradictions qui se trouvent non seulement entre les phrases, mais encore entre
chacun des membres de ces phrases. Je me
borne à de simples rapprochemens, la sagacité du lecteur fera le reste. Il faudrait être
animé contre vous d'une bien grande ani-
mosité, pour persister à croire que vous
ayez eu l'intention de raisonner sérieusement avec ordre et conséquence dans les
idées, après des preuves aussi palpables du
contraire.

Autre rapprochement.

« L'affaire de Grenoble n'a pas été im-
« prévue ; sans la prévoyance du ministre,
« le mal eût été beaucoup plus grave. L'état
« de Grenoble était connu depuis trois se-
« maines ; des forces supérieures avaient
« été , sur notre demande spéciale, envoyées

« sur les lieux ; et sans cette précaution, on
« ne peut dire quel eût été le sort de cette
« ville. » Voilà un sens achevé, bien positif,
bien clair. Vos ennemis croient peut être
que vous parlez ⎨sérieusement, vos ennemis ont tort ; qu'ils descendent quelques
lignes plus bas, dans le même paragraphe,
et ils seront désabusés en lisant ce qui suit :
« Quelle a été d'ailleurs cette attaque de Gre-
« noble ? Si l'on veut renoncer à cet impru-
« dent besoin de grossir les évènemens, on
« ne voit que 3oo paysans égarés, dont un
« tiers ignorait le motif pour lequel on leur
« avait fait prendre les armes, et croyait
« (le fait a été positivement reconnu) venir
« assister à des fêtes et à des réjouissances. »
Répondez, messieurs les ennemis du ministre. Ces soins, ces précautions, ces solli-
citudes de son excellence, qui ont empêché
qu'une ville considérable du royaume ne fût
prise d'assaut par des paysans qui croyaient
assister à des fêtes et à des réjouissances ;
tout cela ne vous semble-t-il pas encore
assez gai, assez bouffon, pour être admis
comme une véritable plaisanterie ? Eh bien,

messieurs, tout est de cette force-là ! Ici, vous voyez tout le monde avouer « qu'au- « jourd'hui les dangers n'existent plus, que « l'état de la France est tel qu'il n'est pas « permis de concevoir aucune alarme ; on « ne dit pas seulement pour le présent, « mais même pour l'avenir. » Plus loin, son excellence s'emporte, parce que, lorsqu'elle *avertit* MM. les députés (probablement qu'il n'y a plus de dangers), lorsqu'elle *réclame* leur concours (probablement pour parer à un danger qui n'existe pas), ils lui refusent une simple loi contre les machinateurs. Voilà des preuves, j'espère ; il est évident qu'on n'a pas prétendu mettre de la raison dans ce discours-là !

Je sais bien que les ennemis de votre excellence ne seront pas embarrassés de se retourner : ils prétendront qu'il est déplacé, qu'il est odieux de plaisanter sur des sujets aussi graves ; que cela compromet toutes les dignités qui pouvaient être compromises dans une occasion si solennelle. Alors il faudra bien les laisser dire, monsieur le comte ; car il n'y a pas moyen de répondre à tout.

Considéré sous ce rapport même, monsieur le comte, je suis forcé d'avouer que
votre discours ne laisse pas que de présenter
de grands dangers. Je suis même forcé de
joindre ma voix à celle de vos ennemis, pour
vous reprocher (toujours dans votre intérêt)
l'imprudence de votre paragraphe sur la légitimité. Rien ne peut justifier cela. Plaisanter sur cette matière serait un crime ; en
parler sans plaisanter, dans les termes dont
vous vous êtes servi, n'en serait pas un
moins grand pour tout autre que votre excellence. Je ne cite moi-même vos propres
expressions qu'en tremblant : il me semble
que je vais attirer sur votre tête une de ces
accusations capables de causer la ruine du
ministre le mieux affermi. « On vous parle
« de légitimité, dites-vous ; mais réfléchit-
« on que la légitimité et la royauté ne sont
« qu'une seule et même chose ; que l'une ne
« saurait exister sans l'autre. » Je l'avouerai,
monsieur le comte, j'ignorais, je n'avais jamais cherché à approfondir ce que ce pouvait
être que cette légitimité dont j'entendais
parler sans cesse autour de moi. Elle me pa-

raissait, dans l'idée de ceux qui se vantent de la connaître le mieux, constituer un droit supérieur aux droits que donnent nos lois humaines, une sorte de droit divin fondé sur une législation toute divine ; et voilà qu'un grand ministre nous en communique officiellement une définition qui renverse à la-fois et cette doctrine et le système des trônes héréditaires. En effet, monsieur le comte, si la légitimité et la royauté ne sont qu'une seule et même chose, si l'une ne peut exister sans l'autre, vous m'obligeriez fort de me dire où seront alors les usurpateurs ? Je sais que vous avez eu soin d'établir une différence entre l'usurpation et la légitimité ; mais elle me paraît entraîner des consé‐quences non moins funestes que celles de votre définition. L'usurpateur, dites-vous, gouverne, et ne règne pas. Prenez garde, monsieur le comte, les gens qui réfléchissent retournent les phrases, et il y en a déjà bien assez de ce que vous dites ; car, d'après ce principe, il y aurait une chance très-favo‐rable pour les usurpateurs chez les peuples qui se contenteraient tout bonnement d'être gouvernés. Mais je m'arrête ; je ne veux pas m'enfoncer davantage dans une discussion dont les suites pourraient devenir également pénibles et dangereuses pour tous deux, et il y aurait de quoi discuter long-temps sur notre paragraphe de la légitimité. Je vais même prendre le parti de terminer tout à fait avec vous.

Et c'est ici le cas de vous expliquer ma pensée toute entière, monsieur le comte. Ce discours laisse prendre de grands avantages à vos ennemis, et lorsqu'on se tient, comme vous, pour honoré d'en avoir un grand nombre, il faut tâcher de ne leur donner prise ni sur ses discours ni sur ses actions. Pardon, ceci est un conseil et vous ne les aimez sans doute pas plus que les leçons ; je serai cependant forcé d'en ajouter encore quelques-uns. Vous dites que vous ne parlez pas d'une certaine classe d'hommes, parce que la plupart d'entr'eux ont été chassés du sol ; il est vrai, monsieur le comte, qu'un grand nombre de citoyens, épargnés par la loi d'amnistie, ont été traités par vous comme s'ils y eussent été désignés. Si donc le bannissement, sans jugement préalable, restait au nombre de vos moyens d'administration, je vous engagerais à ne pas mettre le public dans votre confidence.

Aux yeux des Français, écraser un parti, priver la nation de l'industrie, des lumières et des biens de ceux qui le composent, enrichir ainsi nos voisins ou nos ennemis aux dépens de la nation, ne sera jamais un moyen raisonnable d'administration.

Tros Rutulus ve fuat, nullo discrimine habebo :

telle doit être la devise de tout bon gouvernement. Administrer, c'est contenir, c'est comprimer tous les partis, c'est assurer à tous les individus d'une même nation, quelles que soient leur opinions en matière civile ou religieuse, la jouissance des droits que leur accordent les lois, à charge pour eux de respecter et ceux de leurs concitoyens et du gouvernement : quant aux hommes qui ne respectent rien, les tribunaux sont là pour en faire justice.

Il sera peut-être bon aussi, monsieur le comte, de dispenser l'éloge avec plus d'adresse à ceux à qui vous aurez si long-temps

prodigué le blâme, je veux parler des offi-
ciers à demi-solde; on les a beaucoup ca-
lomniés, dites-vous; oui, monsieur le comte,
beaucoup; mais qui était en possession de
répandre la calomnie? Les journaux. Et à
qui les journaux étaient-ils soumis? A la
police; à vous, monsieur le comte!

Puisse donc cette profession de foi publique de vos sentimens, à leur égard, être,
de votre part, le gage d'une réconciliation
sincère avec eux! Quoiqu'il en soit, elle aura
toujours produit un bon effet. Quelques
personnes, en entendant le ministre de la
police donner des éloges à des citoyens aux-
quels il avait accordé jusque-là des faveurs
d'une toute autre nature, ont déjà conçu
l'espoir d'un amendement dans le système
du gouvernement. Puisse cet espoir se réa-
liser enfin! Puisse le ministère nous permettre d'apprécier la Charte, autrement que
par le bien qu'elle ne nous fait pas! Mais,
hélas! monsieur le comte, s'il faut vous le
dire, le reste de votre discours est loin de
présager l'accomplissement prochain de nos
vœux ardens. Vous ne paraissez connaître

la Charte que par ses endroits vulnérables :
c'est pour vous une belle femme, dont on
étudie les faiblesses, afin d'enlever plus sûre-
ment ses faveurs à ceux à qui elles appar-
tiennent légitimement : et la Charte, a ses
faiblesses; mais prenez garde, monsieur le
comte, les faveurs illicites de cette belle,
sont sujettes à devenir funestes à ceux qui
les obtiennent sans avoir la sagesse d'en
jouir avec modération. Il est important de
se les ménager; et vous, monsieur le comte,
vous paraissez en connaître si peu le prix,
vous les exigez sur-tout avec tant de hau-
teur !

Mais quittons la métaphore.

Vous demandez à la chambre des députés
un pouvoir discrétionnaire sur nos personnes.
Un des honorables membres de la chambre,
M. d'Argenson, vous objecte que sanctionner votre loi des machinateurs, c'est vous
conférer un pouvoir extraordinaire, un pouvoir dont on n'avait aucun exemple, et vous
lui répondez par cette exclamation : « Un
« tribunal correctionnel, trois juges de pre-
« mière instance peuvent prononcer une

« peine de cinq années de détention , et
« l'on prétend que la loi qui confère aux
« ministres du Roi, je dirai au Roi lui-
« même le droit de détenir un citoyen pen-
« dant une année au plus, confère un pou-
« voir inouie ! » Et cela vous étonne , monsieur le comte ! Ainsi, les principes les plus
simples , les mieux connus, les principes
sans lesquels il ne saurait exister de gouvernement représentatif, vous sont absolument
étrangers? Vous en êtes encore à savoir que
la séparation des pouvoirs, ce principe en
vertu duquel le pouvoir législatif, le pouvoir judiciaire et le pouvoir exécutif ne
peuvent jamais résider, ou même se rencontrer un instant dans les mêmes mains ;
ce principe qui veut que les magistrats
chargés de la judicature soient à vie et ina-
movibles, afin de les soustraire plus sûre-
ment à l'influence du pouvoir suprême ; ce
principe qui défend au Souverain de prononcer un jugement sous peine de cesser
d'être Souverain au moment où il deviendra
juge, qui l'affranchit de ce qu'il y a de pénible et de rigoureux dans les fonctions judi-

ciaires, et lui en laisse la plus belle préro-
gative, celle de faire grâce ; il vous étonne,
il vous révolte ce principe ! Parce qu'un
tribunal de première instance, parce que
trois juges peuvent prononcer une peine,
vous voulez que votre maître puisse la prononcer aussi ! En vérité, monsieur le comte,
si c'est de bonne foi, on ne saurait pousser
plus loin le cynisme de l'ignorance. Comment le directeur de votre conscience litté-
raire, un professeur tout couvert de palmes
académiques, a-t-il pu vous passer cela ?
Pauvre France ! voilà donc où en sont les
plus simples notions constitutionnelles
parmi ceux qui se chargent de te les en-
seigner ! cela est désolant.

Monsieur le comte, une excessive confiance dans une sagacité, dans une prévoyance, dans une sagesse qu'il n'aurait
pas, serait chez un ministre un défaut bien
funeste. Tant de qualités sont nécessaires
pour bien user d'un si grand pouvoir ! et il
n'en est point de si belles, de si solides que
la présomption ne ternisse et ne détruise
bientôt. Afin donc de vous prémunir contre

ses dangers, je crois ne pouvoir mieux terminer cette lettre, qu'en vous procurant les moyens d'apprécier toujours avec exactitude les véritables résultats de votre administration.

C'est l'auteur des *Lettres de Junius* qui me les fournit. Il en a fait la découverte au profit des ministres de son pays : je traduis fidèlement les maximes de ce publiciste, vous en ferez l'usage que vous jugerez convenable.

« La ruine ou la prospérité d'un État,
« dit-il, dépend tellement de son adminis-
« tration et de son gouvernement, que,
« pour bien juger le ministère, il suffit d'exa-
« miner la condition du peuple : s'il est sou-
« mis aux lois, s'il prospère dans son travail,
« dans son industrie, s'il est uni au-dedans
« et respecté au-dehors, on peut présumer,
« avec raison, que ses affaires sont confiées
« à des hommes également habiles, expéri-
« mentés et vertueux. Si, au contraire, un
« esprit de défiance et de découragement se
« montre de toutes parts ; si le commerce
« tombe rapidement et s'anéantit ; si toutes

« les parties de l'État sont en proie aux dis-
« sensions ; si l'honneur national est avili
« aux yeux de l'étranger, on peut conclure
« hardiment que le gouvernement est faible,
« inhabile et corrompu. »

Je souhaite, monsieur le comte, que, d'a-
près cette règle infaillible, vous puissiez
dire, comme vous l'avez donné à entendre
dans votre discours : « Je suis content, le
« Souverain est content, la France doit être
« contente. »

FIN.

www.ingramcontent.com/pod-product-compliance
Lightning Source LLC
Chambersburg PA
CBHW051234030726
47595CB00003B/902